Paper Diamond

Ohrringe

Vorwort

Die asiatische Papierfalt-kunst, ORIGAMI genannt, umfasst auch den Be-reich Schmuck. Schmuck aus Papier, wie kann das gehen, wird sich zunächst jeder Schmuckliebhaber fragen.

Ja, das geht sogar sehr gut, was ich, als Autorin dieses Buches, Ihnen nur bestäti-gen kann.

In Japan ist der Papier-schmuck ein Bestandteil des täglichen Lebens und wird mit viel Stolz getragen. Die Wirkung, der in diesem Buch vorgestellten Ohrrin-

ge, wird sehr stark durch die Auswahl der Papiere bestimmt. Aus diesem Grunde habe ich Ihnen einen großen Querschnitt an japanischen Yuzen Papieren auf den Seiten 6+7 vorgestellt. Ich denke es ist für jeden Geschmack etwas dabei.

Wenn Sie etwas unsicher sind, dann ist es am besten zunächst nur das Buch zu kaufen, um dann mit einfachen Papieren einen Ohrring herzustellen. Das kann sehr hilfreich sein und sie gehen dann, nach gelungenem Start, mit Begeisterung an die Auswahl der Papiere. Das Ihnen der Start gelingt, davon bin ich überzeugt, denn als Schmuckliebhaber -sonst hätten Sie nicht nach diesem Buch gegriffen- werden sie ihre Energie daran setzen, solch einen außergewöhnlichen Schmuck zu zaubern. Die fertigen Ohrringe mit Hilfe von Lack dauerhaft haltbar zu machen ist kinderleicht. Worauf ich noch besonderst hinweisen möchte, ist die Beleuchtung. Eine Arbeitslampe, wie sie auf vielen Schreibtischen steht, ist genau richtig. Für den einen oder anderen ist zum arbeiten mit den Schmuckstiften eine Sticklupe angebracht, aber nicht unbedingt notwendig.

Aus dem großen Bereich SCHMUCK habe ich zunächst das Thema Ohrringe ausgewählt und hier wiederum einfache Modelle. Weitere Themen werden in absehbarer Zeit folgen. Bestimmt macht es Ihnen den gleichen Spaß, den ich bei der Arbeit für dieses Buch hatte.

Die Autorin

Inhaltsverzeichnis

Schwierigkeitsgrad

 Schnell

 Einfach

 Intensiv

Info immer auf jeder Seite

Seite 10-11

Seite 16-17

Seite 22-23

Seite 12-13

Seite 18-19

Seite 14-15

Seite 20-21

Seite 24-25

Paper Diamond - Ohrringe

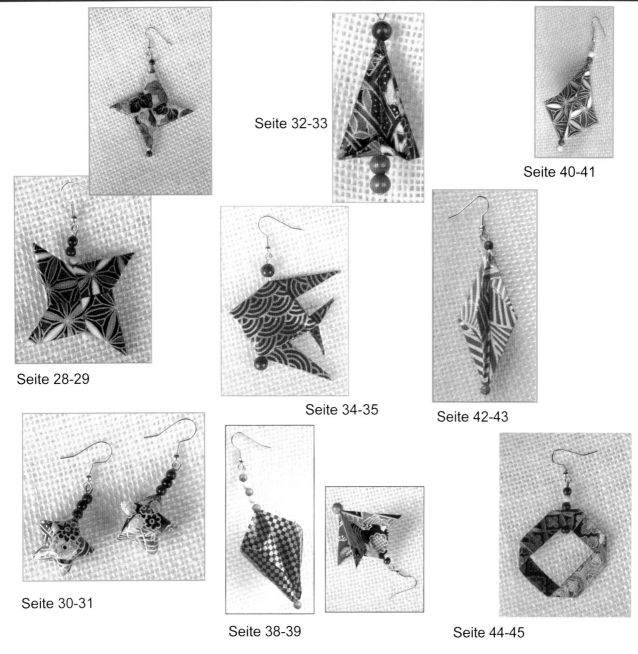

Seite 32-33

Seite 40-41

Seite 28-29

Seite 34-35

Seite 42-43

Seite 30-31

Seite 38-39

Seite 44-45

Material

Die in diesem Buch abgebildeten Ohrringe leben von der Schönheit des Papieres. Von uns wurden nur original japanische Yuzen Papiere verwendet. Die Vorteile gegenüber anderen Papieren überwiegen.

Diese sind:

1. Sehr gute Falteigenschaften, wegen der Weichheit des Papieres. Sollten Sie sich einmal verfaltet haben, so kann sogar das Papier nach dem Öffnen vorsichtig auf der Rückseite mit Dampf wieder glatt gebügelt werden.

2. Die sehr kleinen außergewöhnlichen Motive, sind gerade für die Schmuckherstellung besonderst gut geeignet.

3. Alle Motive sind nicht nur mit Farbe gedruckt, sondern haben jeweils einen gewissen Gold oder Silberanteil. Durch das Lacken der Ohrringe bekommen die Farben eine besondere Brillanz und die Gold- und Silberanteile kommen sehr schön zum strahlen.

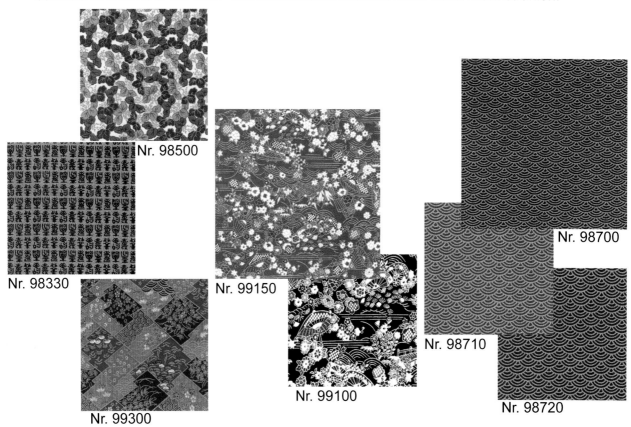

Nr. 98500

Nr. 98330

Nr. 99150

Nr. 98700

Nr. 98710

Nr. 99300

Nr. 99100

Nr. 98720

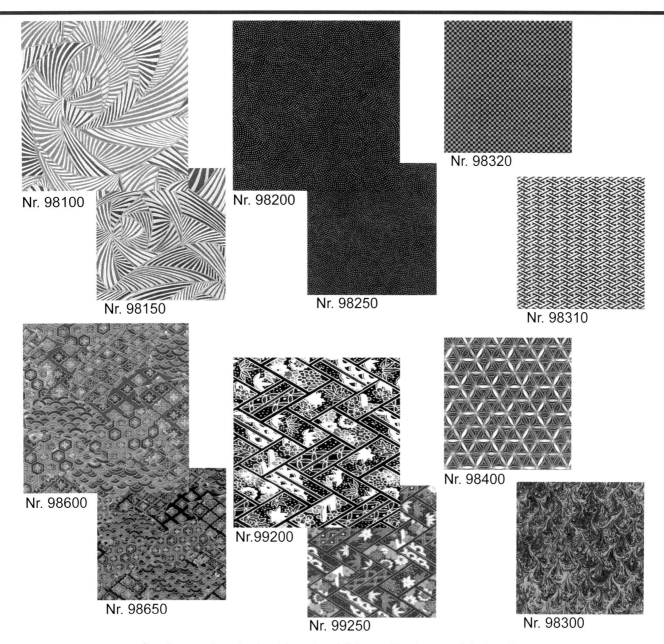

Nr. 98100

Nr. 98150

Nr. 98200

Nr. 98250

Nr. 98320

Nr. 98310

Nr. 98600

Nr. 98650

Nr.99200

Nr. 99250

Nr. 98400

Nr. 98300

Quellennachweis der hier abgebildeten Papiere auf Seite 48.

Zubehör + Werkzeuge

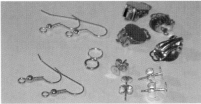

Es werden Ohrhänger, Stecker oder Clipse benötigt.

Diese Stifte heißen Kettel oder Nietstifte. Damit ist es sehr leicht einen Ohrring herzustellen. Die Stifte, sowie Ohrhänger, etc. gibt es vergoldet oder versilbert.

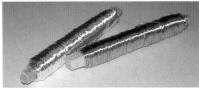

Für einige Ohrringe ist es aber besser solch einen Gold- oder Silberdraht zu verwenden.

Mit solchen einfachen Holzperlen können einige Formen in ihrer Wirkung unterstützt werden. Gleichzeitig fixieren sie die Stifte.

Der Seitenschneider wird zum kürzen der Stifte benötigt.

Nur mit einer Rundzange können die Stifte schnell und leicht zu einer Öse geformt werden.

Sollten die Ösen einmal nicht so gut gelingen, kann mit solch einer Flachzange die Form korrigiert werden.

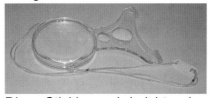

Diese Sticklupe wird nicht zwingend benötigt. Das Arbeiten damit ist aber sehr leicht und angenehm.

Der fertige Ohrring muss unbedingt noch mehrfach mit Lack überzogen werden. Das dient der Stabilität und als Schutz für das Papier. Es sollte ein wasserverdünnbarer Klarlack (hochglanz) verwendet werden. Den Lack in ein altes Glas gießen und mit etwas Wasser nach Gefühl verdünnen. Damit das Papier nicht angegriffen wird, ist die Verdünnung wichtig. Es werden mindestens zwei Schichten nacheinander aufgetragen. Für den Lackauftrag können sowohl Wasserfarbenpinsel als auch ganz normale Pinsel verwendet werden.

Achten Sie darauf, dass die Pinsel keine Haare verlieren. Zum trocknen, zwischen den einzelnen Lackierungen, müssen die Ohrringe unbedingt hängen. Dazu einfach einen Karton aus dem Supermarkt besorgen und mit Schnüren bespannen.

Origami Zeichnungen

Alle Zeichnungen sind mit Symbolen versehen. Gleichzeitig ist immer noch ausreichend Text angegeben worden, so dass das Gelingen der Arbeit auch gewährleistet ist.

Auf dieser Seite sind die internationalen Origami Zeichen abgebildet. Allerdings sind diese nicht bei allen Zeichnungen verwendet worden.

Zur besseren Darstellung von Vorder- und Rückseite wurden immer bei allen Zeichnungen verschiedene Farben verwendet, wie auch bei dieser Symbolerklärung.

 Rückseite nach oben legen.

 Gefaltetes Teil nach außen ziehen, siehe nächste Zeichnung.

 Um 90° drehen.

 Erklärung auf der Rückseite wiederholen.

 Ansicht der Zeichnung wurde vergrößert.

 Eindrücken und glatt falten.

 Papier in gleiche Teile einteilen.

 Papier nach innen falten.

 Einschneiden oder abschneiden.

 Aufblasen

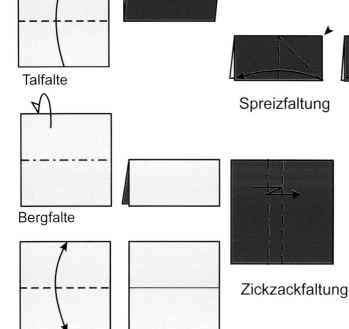

Talfalte

Spreizfaltung

Bergfalte

Zickzackfaltung

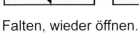

Falten, wieder öffnen.

Creolen

Da bei diesem Ohrring auch die Papierrückseite zu sehen ist, müssen zuerst zwei gleichgroße Papiere zusammengeklebt werden. Schön ist zum Beispiel, ein Motiv in zwei verschiedenen Farben.

Die Größe 9x9cm oder 10x10cm ergeben einen Ohrring mit dem Durchmesser von 4cm.

Besonderst schön sieht der Ohrring mit einem Hänger aus, Stecker sollten nicht verwendet werden.

1. Zweimal diagonal die Mitte falten.

2. Untere Spitze zum Mittelpunkt falten, liegen lassen.

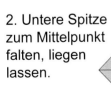

3. Untere Papierkante an die waagerechte Mittellinie falten, alles wieder öffnen.

4. Untere Spitze an die Linie falten, siehe Pfeil und liegen lassen.

5. Linie Nr.1 auf Linie Nr.2 falten, siehe Pfeil und liegen lassen.

6. Linie Nr.2 auf Linie Nr.3 falten, siehe Pfeil und liegen lassen.

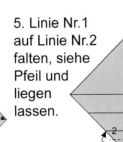

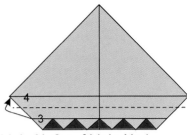

7. Linie Nr.3 auf Linie Nr.4 falten, siehe Pfeil und liegen lassen.

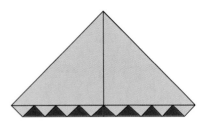

8. Die Schritte von Nr. 2 bis Nr. 7 mit der oberen Spitze wiederholen.

9. Fertig gefaltetes Papier. Nun das Papier um einen Finger drehen, damit eine Rundung entsteht. Die Spitzen rechts und links, siehe Pfeil, aufeinander kleben.

10. Gefaltetes Papier nach der Rundung.

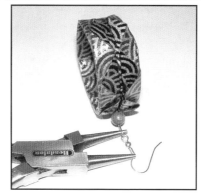

12. Auf den Stift eine Perle schieben, den Hänger einhängen und mit der Rundzange eine Öse formen. Sollte der Stift zu lang sein evtl. mit dem Seitenschneider etwas kürzen.

13. Zum Schluss den Ohrring noch zweimal mit dem Lack streichen. Das Papier wird dadurch sehr fest und wasserabweisend. Gleichzeitig bekommen die Farben eine hervorragende Leuchtkraft.

11. In der Mitte den Schmuckstift durchschieben und mit Schmuckkleber festkleben, damit er sich nicht durch das Papier schieben kann. Dann die beiden Spitzen aufeinanderkleben.

Kreisel-Ohrringe

Für diesen Ohrring benötigt man 2 Papierquadrate.
Es kann die Größe 5x5cm, 6x6cm, 7x7cm oder 8x8cm ausgewählt werden. Größer sollten die Papiere nicht sein, da sonst das Ergebnis zu groß wird und schlecht zu tragen ist.
Besonderst schön sieht der Ohrring mit einem Hänger aus, Stecker sollten nicht verwendet werden.

Papier-Vorderseite	Papier-Rückseite

1. Zweimal waagerecht die Mitte falten. Vorderseite nach oben legen.

2. Zweimal diagonal die Mitte falten. Rückseite nach oben legen.

3. Papier, siehe Pfeile, zu einem Quadrat zusammen legen.

4. Nur mit der oberen Papierlage Spitze nach oben falten, wieder öffnen.

5. In der unteren Papierhälfte schräge Linie falten, siehe Pfeil und liegen lassen.

6. Die neu entstandene Spitze, siehe Zeichnung nach innen falten.

7. Auf dieser Zeichnung ist die nun neu entstandenen waagerechte Papierlage zu sehen. Die Schritte von Nr. 4-6 mit den drei unteren Spitzen arbeiten.

8. So sieht dann das fertig gefaltete Papier aus. Für den Ohrring müssen zwei Teile so gefaltet werden.

9. Die zwei gleichen Teile nun an der flachen Seite zusammen kleben.

10. So sieht das geklebte Teil nun aus.

Paper Diamond - Ohrringe

13. Den Hänger über den Stift schieben und die Länge des Stiftes evtl. mit dem Seitenschneider kürzen. Dann den restlichen Stift mit der Rundzange zu einer Öse formen.

14. Zum Schluss den Ohrring noch zweimal mit dem Lack streichen. Das Papier wird dadurch sehr fest und wasserabweisend. Gleichzeitig bekommen die Farben eine hervorragende Leuchtkraft.

11. Da die Papierkanten an den Klebestellen nicht immer gut zusammen passen, ist es besser die waagerechte Kante schräg nach innen einzuschneiden, siehe auch Foto.

12. Mit einer Nadel zunächst einmal senkrecht die Führung für den Schmuckstift durchstoßen. Perle auf den Stift schieben, durch das Papier schieben und wieder eine Perle darüber.

Tulpen-Ohrringe

Es sollten die Papiergrößen 7x7cm, 8x8cm oder 9x9cm ausgewählt werden. Größer sollte das Papier nicht sein, da sonst das Ergebnis zu groß wird und schlecht zu tragen ist. Besonderst schön sieht der Ohrring mit einem Stecker oder Clip aus, Hänger sollten nicht verwendet werden.

Papier-Vorderseite	Papier-Rückseite

1. Zweimal diagonal die Mitte falten. Vorderseite nach oben legen.

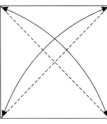

2. Zweimal waagerecht die Mitte falten. Rückseite nach oben legen.

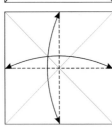

3. Papier, siehe Pfeile, zu einem Dreieck zusammen legen.

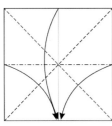

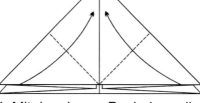

4. Mit der oberen Papierlage die Spitzen nach oben falten. Auf der Rückseite wiederholen.

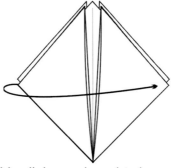

5. Von links nach rechts legen, siehe Pfeil. Auf der Rückseite wiederholen.

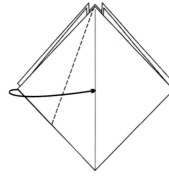

6. Schräge Linie nach rechts falten, liegen lassen.

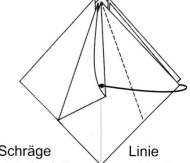

7. Schräge Linie nach links falten und in die entstandene Tasche von Nr. 6 schieben.

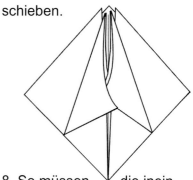

8. So müssen die ineinandergeschobenen Spitzen aussehen. Die Arbeitsschritte von Nr. 6+7 auf der Rückseite wiederholen.

9. An der unteren Spitze jetzt ein wenig Papier (nicht zuviel) abschneiden, damit es leichter ist die Luft in das Objekt zu blasen.

10. So sieht das aufgeblasene Objekt aus. Nun die Spitzen einzeln nach außen formen. Vorsichtig arbeiten, damit die ineinandergeschobenen Spitzen von Nr.8 sich nicht wieder öffnen.

11. Fertige Ohrringe.
An der Unterseite wurde ein Clip mit Schmuckkleber angebracht. Vor dem Lacken müssen die beiden Papierlagen der einzelnen nach außen gebogenen Papierspitzen zusammengeklebt werden. Das ist wichtig, da sonst durch den Lack das Papier seine Form verliert.

12. Zum Schluss den Ohrring noch zweimal mit dem Lack streichen. Das Papier wird dadurch sehr fest und wasserabweisend. Gleichzeitig bekommen die Farben eine hervorragende Leuchtkraft.

Blatt-Ohrringe

Es sollten die Papiergrößen 7x7cm, 8x8cm, 9x9cm oder 10x10cm ausgewählt werden. Größer sollte das Papier nicht sein, da sonst das Ergebnis zu groß wird und nicht so gut zu tragen ist.
Für diesen Ohrring kann sowohl ein Stecker als auch ein Hänger verwendet werden.

Papier-Vorderseite	Papier-Rückseite

1. Diagonal die Mitte falten und beide Teile zusammen kleben.

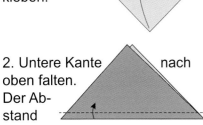

2. Untere Kante nach oben falten. Der Abstand sollte schmal sein, damit das Blatt eine feinere Struktur bekommt.

3. Rückseite nach oben legen.

4. Mit dem Abstand von Nr.2 Papierkante nach oben falten.

5. Rückseite nach oben legen.

6. Mit dem gleichen Abstand die untere Papierkante nach oben falten.

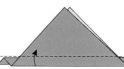

7. Rückseite nach oben legen.

8. Mit dem gleichen Abstand die untere Papierkante nach oben falten.

9. Rückseite nach oben legen.

10. Mit dem gleichen Abstand die untere Papierkante nach oben falten.

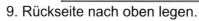

11. Rückseite nach oben legen.

12. Mit dem gleichen Abstand die untere Papierkante nach oben falten.

13. Rückseite nach oben legen.

14. Mit dem gleichen Abstand die untere Papierkante nach oben falten.

15. Rückseite nach oben legen.

16. Die senkrechte Mitte falten. Dann von rechts und links das Papier zusammen formen.

17. Beide Papierteile an der senkrechten Mitte zusammenkleben, dabei aber die Nr.18. unbedingt beachten.

18. Es ist besser den Schmuckstift vor dem zusammenkleben in der  Mitte durchzustoßen und mit Schmuckkleber zu fixieren.

22. Zum Schluss den Ohrring noch zweimal mit dem Lack streichen. Das Papier wird dadurch sehr fest und wasserabweisend. Gleichzeitig bekommen die Farben eine hervorragende Leuchtkraft.

19. Es können auch mehrere Perlen aufgesetzt werden. Das ist besonderst schön für Trägerinnen von langen Haaren.

20. Aus Sicherheitsgründen kann noch ein Ring eingehängt werden, in dem dann wiederrum der Hänger eingehängt ist.

21. Die Länge des Stiftes evtl. mit dem Seitenschneider kürzen. Dann den restlichen Stift mit der Rundzange zu einer Öse formen.

Wickel-Ohrringe

Für diesen Ohrring müssen immer zwei Papierstreifen in der gleichen Größe geschnitten werden. Für das abgebildete Modell wurden Streifen in der Größe von 1,5 x 29,5 cm geschnitten. Es können natürlich auch andere Formate gewählt werden, vorher ausprobieren. Wir haben einen Clip ausgewählt, es kann aber auch ein Stecker oder ein Hänger verwendet werden.

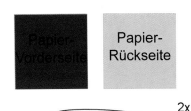

1. Von links nach rechts die Mitte falten mit beiden Streifen.

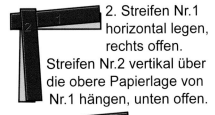

2. Streifen Nr.1 horizontal legen, rechts offen. Streifen Nr.2 vertikal über die obere Papierlage von Nr.1 hängen, unten offen.

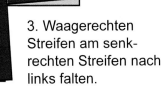

3. Waagerechten Streifen am senkrechten Streifen nach links falten.

4. Senkrechten Streifen am waagerechten Streifen nach oben falten.

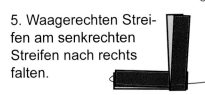

5. Waagerechten Streifen am senkrechten Streifen nach rechts falten.

6. Senkrechten Streifen am waagerechten Streifen nach unten falten.

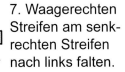

7. Waagerechten Streifen am senkrechten Streifen nach links falten.

8. Senkrechten Streifen am waagerechten Streifen nach oben falten.

9. Waagerechten Streifen am senkrechten Streifen nach rechts falten.

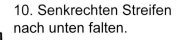

10. Senkrechten Streifen nach unten falten.

11. Die gefalteten Streifen nun am Anfang und Ende in die Hand nehmen und zu einem Halbkreis formen.

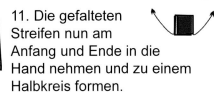

12. Nach dem Öffnen muss das Arbeitsstück so aussehen. Um den Anfang und das Ende zu verbinden, wird ein Streifen Papier zur Verstärkung aufgeklebt.

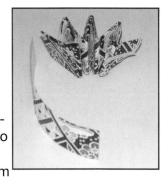

13. Wir haben jetzt einen Clip mit Schmuckkleber angebracht. Es kann natürlich auch ein Stecker aufgeklebt werden. Wer lieber Hänger bevorzugt, kann diese auch verwenden.

14. Zum Schluss den Ohr-
ring noch zweimal mit dem
Lack streichen. Das Papier
wird dadurch sehr fest und
wasserabweisend. Gleich-
zeitig bekommen die Farben
eine hervorragende Leuchtkraft.

Fächer-Ohrringe

Für den Fächer muss Papier ausgewählt werden im Verhältniss 1:3 damit eine schöne Form entsteht. Für das abgebildete Modell wurde die Größe 4x12cm geschnitten. Es können zwei Blätter geschnitten werden, dann unbedingt zusammenkleben. Oder gleich einen Streifen von 8x12cm schneiden. Dann wird einmal waagerecht gefaltet und zusammengeklebt. Für diesen Ohrring unbedingt Hänger benutzen, dann ist die Wirkung größer.

Papier-Vorderseite

Papier-Rückseite

1. Linke Kante nach rechts falten.
Der Abstand sollte schmal sein, damit der Fächer eine feinere Struktur bekommt.

2. Rückseite nach oben legen.

3. Mit dem Abstand von Nr.1 Papierkante nach links falten.

4. Rückseite nach oben legen.

5. Mit dem Abstand von Nr.1 Papierkante nach rechts falten.

6. Rückseite nach oben legen.

7. Die Arbeitsschritte Nr.1+4 solange wiederholen, bis kein Papier mehr übrig ist.

8. So sieht das Papier jetzt aus. Obere Lage nach links legen.

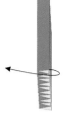

9. Zweite Lage, siehe Pfeil, eine schräge Linie nach rechts falten.

10. An der dritten Papierlage nach links legen.

11. Vierte Lage, siehe Pfeil, schräge Linie nach rechts falten.

12. Die Arbeitsschritte Nr.10+11 solange wiederholen, bis die letzte Lage erreicht ist.

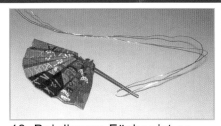

13. Bei diesem Fächer ist es gut wenn ein silber oder goldener Draht verwendet wird. Mit einer Nadel den Draht vorsichtig durch die einzelnen Papierlagen ziehen.

14. Fächer mit durchgezogenem Draht.

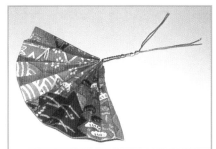

15. Den Draht zu einer Schnur verzwirbeln. Das Papier kommt in der Mitte zusammen. Vielleicht etwas Schmuckkleber in die Mitte setzen.

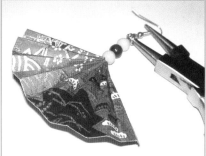

16. Perlen und Hänger aufschieben, den restlichen Draht mit der Rundzange zu einer Öse formen. Sollte der Draht zu lang sein, dann vorher mit dem Seitenschneider kürzen.

17. Zum Schluss den Ohrring noch zweimal mit dem Lack streichen. Das Papier wird dadurch sehr fest und wasserabweisend. Gleichzeitig bekommen die Farben eine hervorragende Leuchtkraft.

Laternen-Ohrringe

Für die Ohrringform ist die Papiergröße 8x8cm, 9x9cm oder 10x10cm zu empfehlen. Größer sollte das Papier nicht sein, da sonst das Ergebnis zu groß wird und schlecht zu tragen ist. Bei kleineren Formaten kann nicht gut gefaltet werden. Hier sind auch die Hänger zu empfehlen, wobei auch ein Stecker möglich wäre.

Papier-Vorderseite	Papier-Rückseite

1. Zweimal diagonal die Mitte falten. Vorderseite nach oben legen.

2. Zweimal waagerecht die Mitte falten. Rückseite nach oben legen.

3. Papier, siehe Pfeile, zu einem Dreieck zusammen legen.

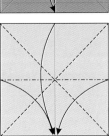

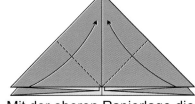

4. Mit der oberen Papierlage die Spitzen nach oben falten. Auf der Rückseite wiederholen.

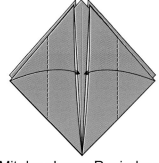

5. Mit der oberen Papierlage die Ecken zur Mitte falten, siehe Pfeile. Auf der Rückseite wiederholen.

6. Spitzen nach unten falten, liegen lassen. Auf der Rückseite wiederholen.

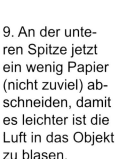

7. An der gestrichelten Linie falten, dann zwischen die beiden Papierlagen schieben. Auf der Rückseite wiederholen. Auch etwas Kleber mit anbringen, damit beim Lacken sich die Papiere nicht wieder öffnen.

8. Oben und unten die Spitze an den Mittelpunkt falten, wieder öffnen.

9. An der unteren Spitze jetzt ein wenig Papier (nicht zuviel) abschneiden, damit es leichter ist die Luft in das Objekt zu blasen.

Paper Diamond - Ohrringe

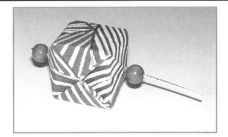

10. Eine Perle auf den Schmuckstift schieben und dann durch das Papier schieben. Vielleicht vorher eine Führung arbeiten. Oben wieder eine Perle aufsetzen. Die Perlen können auch noch mit Schmuckkleber fixiert werden.

12. Zum Schluss den Ohrring noch zweimal mit dem Lack streichen. Das Papier wird dadurch sehr fest und wasserabweisend. Gleichzeitig bekommen die Farben eine hervorragende Leuchtkraft.

11. Den Hänger über den Stift schieben und die Länge des Stiftes evtl. mit dem Seitenschneider kürzen. Dann den restlichen Stift mit der Rundzange zu einer Öse formen.

Kristall-Ohrringe

Für diese Kristallform muss Papier ausgewählt werden im Verhältniss 1:2 damit eine schöne Form entsteht. Für das abgebildete Modell wurde die Größe 2x10cm geschnitten. Es müssen zwei Blätter gefaltet werden. Oder gleich ein Quadrat von 10x10cm schneiden. Dann muss nur noch einmal senkrecht geschnitten werden. Für diesen Ohrring unbedingt Hänger benutzen, dann kommt die Form besonderst gut zur Geltung.

Papier-Vorderseite

Papier-Rückseite

1. Die senkrechte Mitte falten, wieder öffnen.

2. Beide Papierkanten zur Mitte falten, liegen lassen.

3. Die vier Ecken zur Mitte falten, wieder öffnen.

4. Siehe Hände, an den schrägen Linien Papier nach innen legen.

5. Die vier neuen oben liegenden Spitzen, siehe Pfeile falten und liegen lassen.

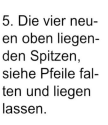

6. Waagerechte Linie falten, dabei das Papier zur Rückseite legen, siehe Pfeil.

7. An beiden Ecken schräge Linie falten, wieder öffnen.

8. Ecken nach innen legen, siehe Hände.

9. Obere Papierlage nach links legen, dabei die senkrechte Mitte falten. Auf der Rückseite wiederholen.

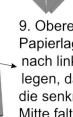

Paper Diamond - Ohrringe

10. Die zwei vorderen Spitzen jetzt ineinanderschieben. Dabei das Papier etwas an der senkrechten Linie zusammen drücken. Auf der Rückseite wiederholen.

11. Das Modell hat jetzt durch den Schritt Nr.10 ein kleines waagerechtes Dreieck erhalten. Auf der Rückseite wiederholen.

12. So sieht dann das fertig gefaltete Papier von Vorne und von der Seite aus. Für den Ohrring müssen zwei Teile so gefaltet werden.

13. Zusammensetzen der beiden Teile. Immer ein Teil mit der Vorderansicht und ein Teil mit der Seitenansicht in die Hand nehmen und ineinanderschieben. Die Spitzen des unteren Teils werden in die Dreiecke des oberen Teils geschoben. Dadurch kommen die Spitzen des oberen Teils automatisch auch in die Dreiecke des unteren Teils.

14. Eine Perle auf den Schmuckstift schieben und durch das Papier schieben. Vielleicht vorher eine Führung arbeiten.

15. Oben wieder eine Perle aufsetzen. Die Perlen können auch noch mit Schmuckkleber fixiert werden.

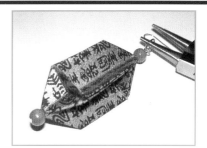

16. Den Hänger über den Stift schieben und die Länge des Stiftes evtl. mit dem Seitenschneider kürzen. Dann den restlichen Stift mit der Rundzange zu einer Öse formen.

17. Zum Schluss den Ohrring noch zweimal mit dem Lack streichen. Das Papier wird dadurch sehr fest und wasserabweisend. Gleichzeitig bekommen die Farben eine hervorragende Leuchtkraft.

Gruppenbild mit verschiedenen Papieren auf Seite 26.

Paper Diamond - Ohrringe

Flacher Stern-Ohrringe

Die ideale Größe für diesen Stern ist 10x10cm, wenn Hänger benutzt werden. Wer einen Stecker bevorzugt, sollte nur die Papiergröße von 7x7cm oder 8x8cm schneiden. Die Arbeitsstücke müssen einmal positiv und einmal negativ gearbeitet werden. Daher unbedingt auf den Hinweis A+B achten.

Papier-Vorderseite **A**	Papier-Rückseite
Papier-Vorderseite **B**	Papier-Rückseite

1. Papier senkrecht durchschneiden.

2. Senkrechte Mitte nach rechts falten, liegen lassen.

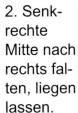 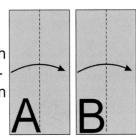

 **3. Schräge Linien falten, siehe Pfeile, liegen lassen.**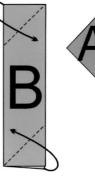

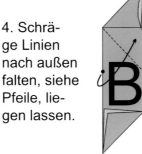 **4. Schräge Linien nach außen falten, siehe Pfeile, liegen lassen.**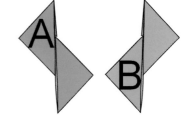

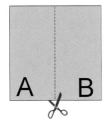 **5. So müssen jetzt die beiden Teile aussehen. Rückseite nach oben legen.**

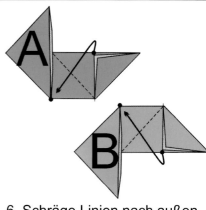

6. Schräge Linien nach außen falten, liegen lassen.

7. So sehen beide Teile auf der Rückseite aus.

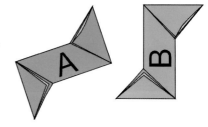

8. So sehen beide Teile auf der Vorderseite aus.

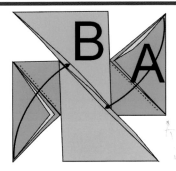

9. Teil A Vorderseite waagerecht legen, Teil B Rückseite senkrecht darüber legen. Spitzen von Teil A in Teil B schieben, siehe Pfeile. Rückseite nach oben legen.

10. Spitzen von Teil B in die Taschen von Teil A schieben, siehe Pfeile.

11. Fertiges Modell.

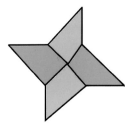

12. Mit einer Nadel eine Führung für den Stift arbeiten.

13. Eine Perle auf den Schmuckstift schieben und durch das Papier schieben. Oben auch Perlen aufsetzen.

14. Den Hänger über den Stift schieben und die Länge des Stiftes evtl. mit dem Seitenschneider kürzen. Dann den restlichen Stift mit der Rundzange zu einer Öse formen.

15. Der Schmuckstift ist bei diesem Ohrring von Spitze zu Spitze geführt worden, dadurch ergibt sich ein völlig andere Wirkung des Ohrrings.

16. Zum Schluss den Ohrring noch zweimal mit dem Lack streichen. Das Papier wird dadurch sehr fest und wasserabweisend. Gleichzeitig bekommen die Farben eine hervorragende Leuchtkraft.

Gruppenbild mit verschiedenen Papieren auf Seite 27.

3D Stern-Ohrringe

Der 3D Stern wird aus einem Papierstreifen gearbeitet. Die ideale Größe ist 1,5cm x 29,5cm. Wenn der Stern größer werden soll, zu erst einen Test mit anderen Papiermaßen machen. Es sollten unbedingt Hänger verwendet werden, da durch unterschiedliche Perlenmengen noch weitere Wirkungen erzielt werden können.

Papier-Vorderseite

Papier-Rückseite

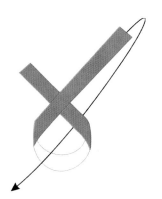

1. Streifen zu einer Schlaufe legen und dann das lange Ende, siehe Pfeil durchziehen.

2. Mit dem langen Ende die lockere Schlaufe vorsichtig zu einem Knoten festziehen.

3. Rückseite nach oben legen.

4. Das kurze Ende wird nun in den Knoten geschoben. Sollte es zu lang sein, vorher etwas abschneiden.

5. Rückseite nach oben legen.

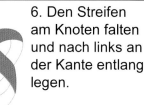

6. Den Streifen am Knoten falten und nach links an der Kante entlang legen.

7. Rückseite nach oben legen.

8. Mit dem restlichen Streifen die Arbeitsschritte Nr. 6+7 wiederholen, bis zum Ende des Streifens.

9. Das Streifenende wird dann unter eine Papierlage geschoben.

10. Den fertigen Stern jetzt an den fünf Seitenteilen mit den Fingern leicht eindrücken, dadurch entsteht die 3D Wirkung.

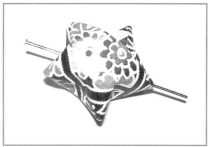

11. Den Schmuckstift durch den Ohrring schieben, evtl. vorher eine Führung arbeiten. Wenn unten keine Perle aufgeschoben wird, dann muss unbedingt der Stift mit Schmuckkleber befestigt werden.

14. Den restlichen Stift mit der Rundzange zu einer Öse formen.

15. Zum Schluss den Ohrring noch zweimal mit dem Lack streichen. Das Papier wird dadurch sehr fest und wasserabweisend. Gleichzeitig bekommen die Farben eine hervorragende Leuchtkraft.

12. Verschiedene Perlen aufsetzen.

13. Den Hänger über den Stift schieben und die Länge des Stiftes evtl. mit dem Seitenschneider kürzen.

Tannen-Ohrringe Modell von Aart van Breda, Elsje van der Ploeg

Für die Tanne sollten die Papiergrößen 7x7cm, 8x8cm, 9x9cm oder 10x10cm ausgewählt werden. Größer sollte das Papier nicht sein, da sonst das Ergebnis zu groß wird und schlecht zu tragen ist. Besonderst schön sieht der Ohrring mit einem Hänger aus, Stecker sollten nicht verwendet werden.

Papier-Vorderseite	Papier-Rückseite

1. Zweimal diagonal die Mitte falten. Vorderseite nach oben legen.

2. Zweimal waagerecht die Mitte falten. Rückseite nach oben legen.

3. Papier, siehe Pfeile, zu einem Dreieck zusammen legen.

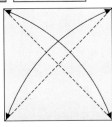

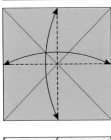

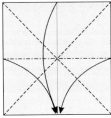

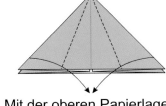

4. Mit der oberen Papierlage schräge Linien nach unten falten.

5. Rückseite nach oben legen.

6. Mit der oberen Papierlage schräge Linien nach unten falten.

7. Die obere Papierlage nach rechts legen. Auf der Rückseite wiederholen.

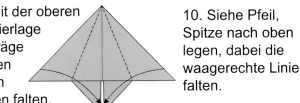

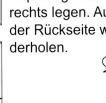

8. Mit der oberen Papierlage, der rechten unteren Spitze, schräge Linie nach oben falten.

9. Mit der oberen Papierlage, der linken unteren Spitze, schräge Linie nach oben falten.

10. Siehe Pfeil, Spitze nach oben legen, dabei die waagerechte Linie falten.

11. Die Arbeitsschritte von Nr. 8-10 auf der Rückseite wiederholen.

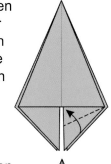

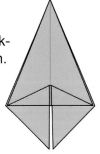

Paper Diamond - Ohrringe

12. Um die Tanne zu formen, siehe Pfeile, Papier zur Mitte formen. Auf der Rückseite wiederholen.

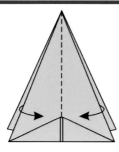

15. Zum Schluss den Ohrring noch zweimal mit dem Lack streichen. Das Papier wird dadurch sehr fest und wasserabweisend. Gleichzeitig bekommen die Farben eine hervorragende Leuchtkraft.

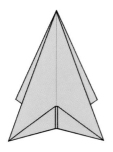

13. Auf den Stift zwei Perlen, für den Stamm, schieben.

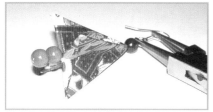

14. Den Hänger über den Stift schieben und dann den restlichen Stift mit der Rundzange zu einer Öse formen.

Fisch-Ohrringe

Modell von Jannie van Schuylenburg

Für den Fisch sollten die Papiergrößen 8x8cm, 9x9cm oder 10x10cm ausgewählt werden. Größer sollte das Papier nicht sein, da sonst das Ergebnis zu groß wird und schlecht zu tragen ist.

Besonderst schön sieht der Ohrring mit einem Hänger aus, Stecker sollten nicht verwendet werden.

Papier-Vorderseite	Papier-Rückseite

1. Zweimal waagerecht die Mitte falten. Vorderseite nach oben legen.

2. Zweimal diagonal die Mitte falten. Rückseite nach oben legen.

3. Papier, siehe Pfeile, zu einem Quadrat zusammen legen.

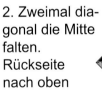

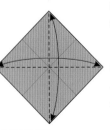

4. Mit der oberen Papierlage schräge Linien falten, wieder öffnen. Siehe Hände, Ecken nach innen legen.

5. Die Arbeitsschritte von Nr. 4 auf der Rückseite wiederholen.

6. Die inneren Spitzen nach oben falten.

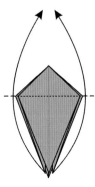

7. Obere Spitzen an der schrägen Linie wieder zurück falten.

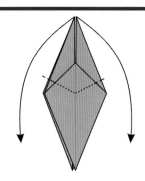

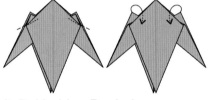

8. Bei beiden Papierlagen, vorstehende Ecken nach innen falten.

9. Mit der oberen Papierlage schräge Linien zur Innenseite falten. Auf der Rückseite wiederholen.

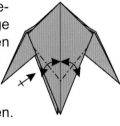

10. Untere Spitze einmal nach rechts und einmal nach links falten, siehe Pfeil.

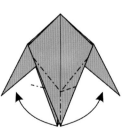

11. Fertig gefalteter Fisch.

12. Perle auf den Stift schieben und in die Mitte des Fisches legen.

13. Den Stift und die beiden Papierlagen zusammen kleben.

14. Den Hänger über den Stift schieben und die Länge des Stiftes evtl. mit dem Seitenschneider kürzen. Dann den restlichen Stift mit der Rundzange zu einer Öse formen.

15. Zum Schluss den Ohrring noch zweimal mit dem Lack streichen. Das Papier wird dadurch sehr fest und wasserabweisend. Gleichzeitig bekommen die Farben eine hervorragende Leuchtkraft.

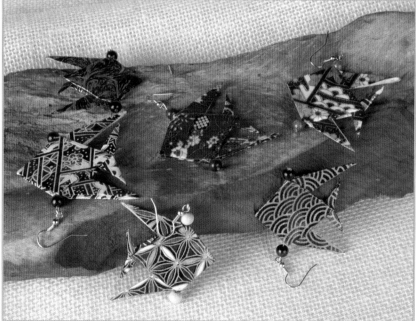

Paper Diamond - Ohrringe

Schirm-Ohrringe

Modell von Alexandra Dirk

Diese Ohrringform wird aus zwei Origami Grundformen hergestellt. Als Papiergröße sind 7,5x7,5cm zu empfehlen. Es müssen 2 Blätter gearbeitet werden. Allerdings kann auch größer gearbeitet werden. Hier sind auch die Hänger zu empfehlen, wobei auch ein Stecker möglich wäre.

Papier-Vorderseite   Papier-Rückseite

1. Zweimal waagerecht die Mitte falten. Vorderseite nach oben legen.

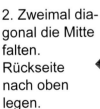

2. Zweimal diagonal die Mitte falten. Rückseite nach oben legen.

3. Papier, siehe Pfeile, zu einem Quadrat zusammen legen.

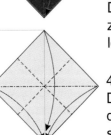

4. Fertiges Quadrat.

Papier-Vorderseite   Papier-Rückseite

1. Zweimal diagonal die Mitte falten. Vorderseite nach oben legen.

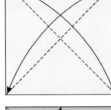

2. Zweimal waagerecht die Mitte falten. Rückseite nach oben legen.

3. Papier, siehe Pfeile, zu einem Dreieck zusammen legen.

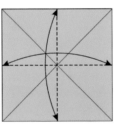

4. Fertiges Dreieck, in der Mitte zusammenkleben.

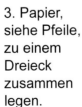
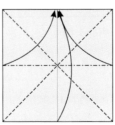

1. Zusammensetzen: Perle auf den Stift und durch das Dreieck schieben.

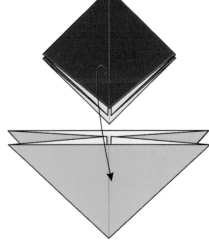

2. Das Quadrat über das Dreieck schieben und festkleben.

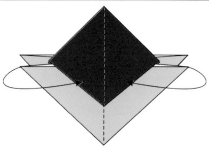

3. Vorne und _____ auf der Rückseite die senkrechte Mitte falten.

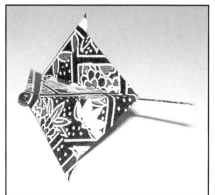

4. Schmuckstift durch das obere Quadrat schieben.

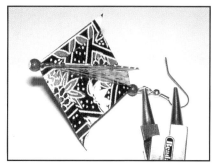

5. Den Hänger über den Stift

schieben und die Länge des Stiftes evtl. mit dem Seitenschneider kürzen. Dann den restlichen Stift mit der Rundzange zu einer Öse formen.

6. Zum Schluss den Ohrring noch zweimal mit dem Lack streichen. Das Papier wird dadurch sehr fest und wasserabweisend. Gleichzeitig bekommen die Farben eine hervorragende Leuchtkraft.

Gruppenbild mit verschiedenen Papieren auf Seite 36.

<u>VARIATION</u>

Wenn das Papier an den vier abstehenden Spitzen vor dem Lackieren über einen Stift gerollt wird, entsteht diese lustige Schirmform. Stift an die schräge Papierführung legen und sehr eng rollen. Durch den Lack öffnet sich das Papier dann wieder ein wenig.

Tropfen-Ohrringe

Modell von Alexandra Dirk

Diese Ohrringform wird aus zwei Origami Grundformen hergestellt. Als Papiergröße sind 7,5x7,5cm zu empfehlen. Es müssen 2 Blätter gearbeitet werden. Allerdings kann auch größer gearbeitet werden. Hier sind auch die Hänger zu empfehlen, wobei auch ein Stecker möglich wäre.

1. Zweimal waagerecht die Mitte falten. Vorderseite nach oben legen.

2. Zweimal diagonal die Mitte falten. Rückseite nach oben legen.

3. Papier, siehe Pfeile, zu einem Quadrat zusammen legen.

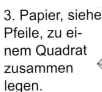 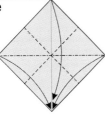

4. Fertiges Quadrat.

1. Zweimal diagonal die Mitte falten. Vorderseite nach oben legen.

2. Zweimal waagerecht die Mitte falten. Rückseite nach oben legen.

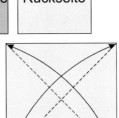

3. Papier, siehe Pfeile, zu einem Dreieck zusammen legen.

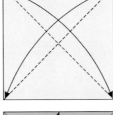

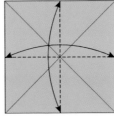

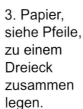

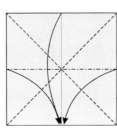

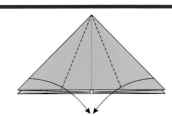

4. Mit der oberen Papierlage schräge Linien nach unten falten.

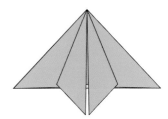

5. Rückseite nach oben legen.

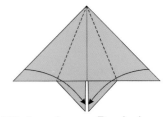

6. Mit der oberen Papierlage schräge Linien nach unten falten.

7. Fertige zweite Form.

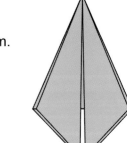

1. Zusammensetzen:
Perle auf den Stift und durch
das Quadrat schieben.

2. Die zweite
Form über das
Quadrat schie-
ben und festkle-
ben.

3. Schmuckstift durch die zweite Form schieben.

4. Vorne
und auf
der Rück-
seite die
senkrech-
te Mitte
falten.

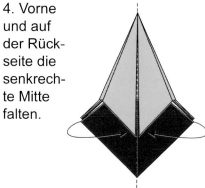

5. Den Hänger über den Stift
schieben und die Länge des
Stiftes evtl. mit dem Seitenschneider kürzen. Dann den
restlichen Stift mit der Rundzange zu einer Öse formen.

6. Zum Schluss den Ohrring
noch zweimal mit dem Lack
streichen. Das Papier wird
dadurch sehr fest und wasserabweisend. Gleichzeitig bekommen die Farben eine hervorragende Leuchtkraft.

Gruppenbild mit verschiedenen
Papieren auf Seite 37.

Rhomben-Ohrringe

Diese Ohrringform wird aus einer Origami Grundform hergestellt. Als Papiergröße sind 7,5x7,5cm zu empfehlen. Es müssen 2 Blätter gearbeitet werden. Allerdings kann auch größer gearbeitet werden. Hier sind auch die Hänger zu empfehlen, wobei auch ein Stecker möglich wäre.

Papier-Vorderseite	Papier-Rückseite

1. Zweimal diagonal die Mitte falten. Vorderseite nach oben legen.

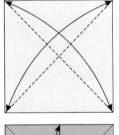

2. Zweimal waagerecht die Mitte falten. Rückseite nach oben legen.

3. Papier, siehe Pfeile, zu einem Dreieck zusammen legen.

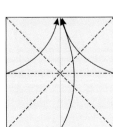

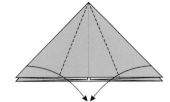

4. Mit der oberen Papierlage schräge Linien nach unten falten.

5. Rückseite nach oben legen.

6. Mit der oberen Papierlage schräge Linien nach unten falten.

7. Fertige Form Vorderteil. Bis dahin auch das zweite Arbeitsstück arbeiten.

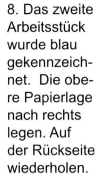

8. Das zweite Arbeitsstück wurde blau gekennzeichnet. Die obere Papierlage nach rechts legen. Auf der Rückseite wiederholen.

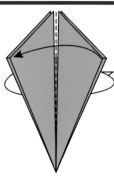

9. Fertige zweite Form Seitenteil.

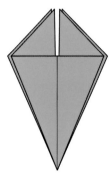

1. Zusammensetzen: Perle auf den Stift und durch beide Dreiecke schieben. Dafür beide Arbeitsteile bis Nr.4 wieder öffnen.

Paper Diamond - Ohrringe

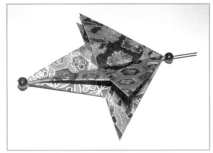

2. Die Arbeitsschritte ab Nr. 4 wieder zurück falten .

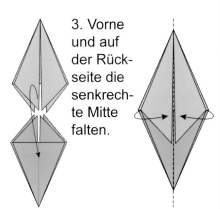

3. Vorne und auf der Rückseite die senkrechte Mitte falten.

4. Den Hänger über den Stift schieben und die Länge des Stiftes evtl. mit dem Seitenschneider kürzen. Dann den restlichen Stift mit der Rundzange zu einer Öse formen.

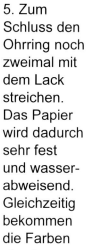

5. Zum Schluss den Ohrring noch zweimal mit dem Lack streichen. Das Papier wird dadurch sehr fest und wasserabweisend. Gleichzeitig bekommen die Farben eine hervorragende Leuchtkraft.

Ketten-Ohrringe

Dieser Ohrring ist besonderst interessant, weil die benötigten Papierstreifen aus den Resten der anderen Ohrringe geschnitten werden können. Die ideale Größe ist immer 1:2. Es werden zwei Teile gearbeitet.
Es wurden Streifen 2x8cm verwendet.
Es sollten unbedingt Hänger verwendet werden.

Papier-Vorderseite	Papier-Rückseite

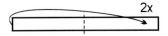

2x

1. Von links nach rechts die Mitte falten und zusammenkleben.

2. Streifen in drei Teile einteilen.

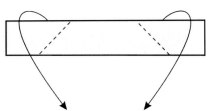

3. Schräge Linien nach unten falten, siehe Pfeile.

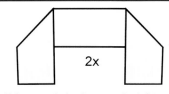

2x

4. Dieses Arbeitsstück, bitte zweimal arbeiten.

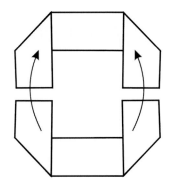

5. Beide Teile aufeinanderkleben.

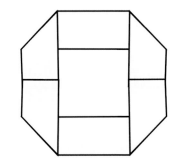

6. Fertig gefaltetes Modell.

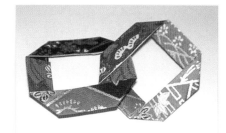

7. Es können auch mehrere Kettenringe ineinander gearbeitet werden.

8. Den Hänger über den Stift schieben und die Länge des Stiftes evtl. mit dem Seitenschneider kürzen. Dann den restlichen Stift mit der Rundzange zu einer Öse formen.

9. Zum Schluss den Ohrring noch zweimal mit dem Lack streichen. Das Papier wird dadurch sehr fest und wasserabweisend. Gleichzeitig bekommen die Farben eine hervorragende Leuchtkraft.

Schmuckverpackungen

Quellennachweis des hier abgebildeten
Buches auf Seite 48.

Als Geschenkidee sind die beschriebenen Ohrringe natürlich auch immer eine Überraschung.

Auf dieser Seite zeigen wir einige Beispiele aus dem Buch WIE NEU 1. Einfach, schnell und preiswert sind diese individuellen Schmuckverpackungen herzustellen.

Quellennachweis des hier abgebildeten Kartons auf Seite 48.

Für diese Kartons wurden einige der Yuzen Papiere verwendet, die auch für die Ohrringe ausgewählt wurden. Es sieht witzig aus, wenn Inhalt und Verpackung aus dem gleichen Papier bestehen. Die eigene Herstellung und dadurch auch die Besonderheit des Geschenks wird nachhaltig ohne Worte vermittelt.

<u>PAPER DIAMOND - COLLIERS</u>

Unser nächstes Projekt beschäftigt sich mit Colliers. In diesem Buch werden ausschließlich Schmuckketten vorgestellt. Für dieses Projekt werden auch neue Yuzen Papiere verwendet.

Impressum + Quellennachweis

Die Deutsche Bibliothek verzeichnet diese Publikation in der Deutschen Nationalbibliografie; detaillierte bibliografische Daten sind im Internet über http://dnb.ddb.de abrufbar.
Paper Diamond, Ohrringe / Alexandra Dirk.
– Overath: Q-Verlag, 2005

ISBN 3-938127-02-3

© by Q-Verlag, Overath 2005
ISBN 3-938127-02-3
Alle Rechte vorbehalten, Nachdruck, auch auszugsweise, verboten.
Autorin: Alexandra Dirk
Herstellung: Q-Verlag
Gestaltung: Yves Roger Weber
Aufmacherfotos: R. Huber, Bergisch Gladbach
Arbeitsfotos: Q-Verlag
Gedruckt in Deutschland

Quellennachweis:

Die Autorin bedankt sich auf diesem Wege bei der Firma nice papers für die Bereitstellung sämtlicher Arbeitsmaterialien.
Alle abgebildeten japanischen Yuzen Papiere, sowie das Buch vom Q-Verlag WIE NEU1 können im Internet Shop: www.paperfrog.de bestellt werden.

Die Zubehörteile können im gut geführten Fachgeschäft oder im Internet bei verschiedenen Shops gekauft werden.
Die Werkzeugteile sowie der Schutzlack sind über Baumärkte oder dem einschlägigen Fachhandel erhältlich.